CHWILIO A CHANFOD

ARWYR Y BEIBL

Pa greadur mileinig sy'n cuddio mewn coeden yn Ngardd Eden?

Beth ydi siadwff? Neu shekel?

Sawl anifail gwyllt welwch chi'n cuddio yn y bryniau?

Pwy laddodd gawr gyda charreg fechan?

Pwy oedd mor gryf fel y medrai chwalu Teml y Philistiaid?

Pwy gafodd ei lyncu gan bysgodyn mawr?

Mae'r atebion i'r holl gwestiynau hyn, a llawer iawn mwy, wedi'u cuddio mewn
deuddeg llun a stori am Arwyr y Beibl o fewn y llyfr hwn.

Darllenwch y stori. Edrychwch ar y lluniau. Chwiliwch am gliwiau. Ar bob
tudalen mae digon i weld a chanfod!

O.N. Os methwch, mae'r atebion yn y cefn.

ADDA

Y Dechreuad

GENESIS PENNOD 1:1-2:3

Ymhell yn ôl yn y dechrau, nid oedd dim na neb. Duw yn unig oedd yn bod.

Yn sydyn, llefarodd Duw. "Bydded goleuni!" meddai. Ar unwaith tywynodd goleuni. Cymerodd Duw y goleuni a'i alw'n ddydd, yna cymerodd y tywyllwch a'i alw'n nos.

Llefarodd Duw eto. Bob tro llefarodd, creodd rywbeth newydd. Creodd yr awyr, a'i osod o amgylch y ddaear. Gwnaeth yr afonydd a'r moroedd, a'u gosod i wahanu'r tiroedd. Llanwodd y ddaear â phlanhigion a choed, gan roi iddynt hadau, blodau a ffrwythau.

Creodd Duw amser. Creodd yr haul, y lleuad a'r sêr, a'u gosod yn yr awyr.

Daeth Duw â bywyd i'r ddaear. Gwnaeth bob creadur byw, o'r adar oedd yn hedfan drwy'r awyr, i bysgod y môr, a'r anifeiliaid oedd yn prancio ac yn ymlusgo ar y tir.

Roedd Duw yn falch o bopeth a wnaeth. Yn olaf creodd y greadigaeth orau- y dyn cyntaf a'r wraig gyntaf, o'r enw Adda ac Efa. Roeddynt yn debyg i Dduw- yn medru meddwl a theimlo a charu. Rhoddodd iddynt ardd brydferth i fyw ynddi a'i galw'n Ardd Eden. Gwnaeth Duw Adda ac Efa yn ffrindiau iddo, i ofalu am bopeth a wnaeth. Gwyddai Duw fod ei greadigaeth yn dda.

Rhoddodd ofal y cwbl i Adda ac Efa. Dywedodd wrthynt i ofalu am yr anifeiliaid, ac i weithio ar y tir. Roeddynt yn mwynhau bywyd gyda Duw, yn yr ardd brydferth.

"Cewch fwyta o unrhyw goeden yn yr ardd," meddai Duw, "ar wahân i bren gwybodaeth da a drwg. Os bwytewch o'r goeden honno, bydd ein perthynas ar ben ac fe fyddwch yn marw."

Roedd cymaint yn yr ardd i ddewis ohonynt: planhigion a blodau gwahanol, hadau a ffrwythau amrywiol. Nhw oedd biau popeth, ac roeddynt yn cael beth bynnag a fynnent. Ond ni wrandawodd Adda ac Efa ar Dduw, a difethwyd eu cyfeillgarwch.

1. Creodd Duw yr haul a'r lleuad. Fedrwch chi eu canfod?

4. Creodd Duw y trychfil lleiaf a'r anifail mwyaf. Beth yw'r creadur mwyaf fedrwch chi weld?

CHWILIO A CHANFOD

ARWYR Y BEIBL

Stephanie Jeffs

Addasiad Cymraeg gan Ann Bowen Morgan

Darluniau gan Roger Fereday

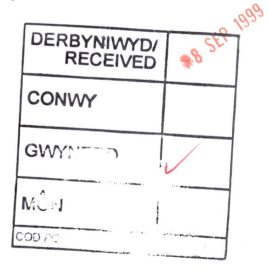

CYNNWYS

2. Gofynnodd Duw i Adda ac Efa edrych ar ôl yr ardd a phopeth ynddi. Pa waith maen nhw'n ei wneud?

3. Mae'r afonydd a'r moroedd yn llawn pysgod a chreaduriaid byw. Chwiliwch am lyffant.

5. Gwnaeth Duw yr holl blanhigion. Chwiliwch am orennau, afalau a grawnwin.

6. Roedd pren gwybodaeth da a drwg ynghanol yr ardd. Pa greadur sy wedi'i guddio yn y goeden honno?

NOA
Y Dilyw

GENESIS PENNOD 6:9-9:17

Ymhen llawer o flynyddoedd, roedd llawer o bobl yn byw ar y ddaear. Roeddynt yn gwneud fel y mynnent, llawer o bethau drwg, gan anghofio am Dduw.

Dim ond un dyn da oedd yn y byd mawr crwn. Ei enw oedd Noa a roedd yn ffrind i Dduw.

"Rwyn dyfaru creu y byd," meddai Duw. "Mi ddinistriaf ef. Ond achubaf Noa a'i deulu."

Soniodd Duw wrth Noa am ei gynlluniau. " Maen rhaid i ti adeiladu arch mawr,"meddai. "Mi gei di'r union fanylion gen i . Anfonaf ddilyw i foddi'r ddaear, ond rwy'n addo y byddi di a'th deulu yn ddiogel."

Adeiladodd Noa arch allan o bren cypreswydden. Adeiladodd dri dec, gan eu rhannu yn ystafelloedd a gorchuddio'r tu allan â phyg i gadw'r dŵr allan.

"Dos i chwilio am ddau o bob creadur byw," meddai Duw wrth Noa. "Cymer nhw ar fwrdd yr arch gyda thi a'th deulu. Wedyn mi fodda i'r ddaear."

Gwnaeth Noa yn ôl gorchymyn Duw. Yna dechreuodd fwrw. Glawiodd am ddeugain niwrnod. Gorlifodd yr afonydd, a rhuthrodd y moroedd i mewn i'r tir. Cyn hir roedd yr holl ddaear wedi'i gorchuddio gan ddŵr. Dinistrwyd popeth. Ond roedd Noa a'i deulu yn ddiogel.

Dyddiau'n ddiweddarach peidiodd y glaw. Ciliodd y llifogydd. Daeth yr arch i orffwys ar dir.

Gollyngodd Noa gigfran yn rhydd. Ond hedfanodd y gigfran yn ôl ac ymlaen uwchben y dŵr gan nad oedd lle iddi orffwys. Anfonodd Noa golomen, ond daeth yn ôl yn syth.

Disgwyliodd Noa. Ymhen saith niwrnod anfonodd y golomen allan eto. Y tro yma dychwelodd â deilen olewydd yn ei phig. Gwyddai Noa fod y dyfroedd yn diflannu. Wythnos yn ddiweddarach, anfonodd Noa'r golomen y drydedd waith. Ni ddaeth yn ôl y tro yma a roedd Noa yn sicr ei bod yn ddiogel i bawb adael yr arch.

"Dewch allan o'r arch," meddai Duw wrth Noa, "a mwynhewch y ddaear."

Gadawodd Noa a'i deulu a'r anifeiliaid yr arch. Ar unwaith diolchodd Noa i Dduw am eu cadw'n ddiogel.

"Rwyn addo peidio boddi'r ddaear eto," meddai Duw. "Rhof enfys yn yr awyr er mwyn i chi gofio fy addewid."

2. Creodd Duw yr holl anifeiliaid. Dewch o hyd i'r mwyaf a'r lleiaf.

3. Cymerodd Noa ddau o bob anifail i mewn i'r arch. Weithiau mae anifeiliaid gwryw a benyw yn edrych yn wahanol i'w gilydd. Fedrwch chi weld llew a llewes, paun a pheunes a phâr o adar paradwys?

5. Chwiliwch am golomen yn dal deilen olewydd ac am gigfran.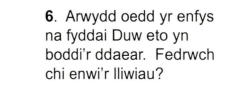

6. Arwydd oedd yr enfys na fyddai Duw eto yn boddi'r ddaear. Fedrwch chi enwi'r lliwiau?

ABRAHAM
Y Sêr a'r Addewid

GENESIS PENNOD 12:1-9; 15:1-6; 18:1-15

Un tro roedd dyn o'r enw Abraham, yn dod o ddinas fawr Ur. Yn ŵr ifanc aeth gyda'i dad a'i frawd i le o'r enw Haran.

Flynyddoedd yn ddiweddarach, dywedodd Duw, "Mi hoffwn i ti adael Haran a symud, i fyw mewn lle newydd. Gwnaf dy ddisgynyddion yn genedl arbennig. Dangosaf iti'r ffordd."

Gwrandawodd Abraham ar Dduw. Dywedodd wrth ei wraig, Sara, yr hyn a ddywedodd Duw. Casglodd Abraham ei holl feddiannau a chyda'i weision a'i holl breiddiau o ddefaid a geifr, teithiodd i'r gorllewin.

Pan gyraeddasant wlad Canaan, siaradodd Duw ag Abraham eto. "Dyma'r wlad a roddaf i ti," addawodd. Fe'th wnaf di a'th ddisgynyddion yn genedl fawr."

Synnwyd Abraham. Doedd dim plant gan Sara ag yntau, ac erbyn hyn roeddynt mewn oed.

"Sut gall hyn fod?" gofynnodd Abraham i Dduw. "Mae Sara a mi yn rhy hen i gael plant erbyn hyn."

Addawaf y cewch fab," meddai Duw. Aeth ag Abraham allan i'r awyr agored. Roedd hi'n nos, a roedd yr awyr yn llawn o sêr. "Edrycha ar y sêr a cheisia eu cyfri," meddai Duw. "Bydd gennyt gymaint o ddisgynyddion ag sydd o sêr yn yr awyr."

Aeth blynyddoedd heibio a magodd Abraham wreiddiau yng Nghanaan. Daeth yn ŵr goludog iawn. Roedd ganddo lawer o ddefaid a geifr a llawer o weision. Ond nid oedd ganddo fab.

Un diwrnod tra'n eistedd tu allan i'w babell sylwodd ar dri diethryn yn sefyll gerllaw. Estynnodd ei law i'w croesawu, a chynigiodd fwyd a diod iddynt, yn ôl yr arfer.

Eisteddodd y dynion yn y cysgod. "Erbyn yr amser yma flwyddyn nesaf bydd gennych fab," dywedasant.

Gwyddai Abraham mai Duw oedd wedi anfon yr ymwelwyr a byddai Duw yn cadw at ei addewid. Doedd Sara ddim mor siwr. Chwarddodd pan glywodd beth ddywedasant. Credai ei bod llawer yn rhy hen i gael babi.

Ond cadwodd Duw at ei addewid. Flwyddyn yn ddiweddarach, cafodd Abraham a Sara fab. Galwyd ef yn Isaac.

1. Doedd dim siopau yno. Chwiliwch am rywun sy'n gwehyddu brethyn i wneud dillad, yn malu corn i bobi bara, ac yn godro gafr.

3. Chwiliwch am ffynnon yn y llun. Beth ddefnyddiwyd i gario dŵr?

2. Roedd Abraham a Sara a'u gweision yn byw mewn pebyll. Pa un ydi pabell Sara?

4. Roedd Abraham yn byw mewn lle o'r enw Mamre. Lle oedd yn enwog am goed arbennig. Sawl math o goed sy yno?

5. Gŵr cyfoethog oedd Abraham. Doedd dim llawer o arian ganddo. Roedd ganddo lawer o ddefaid a geifr. Beth arall yn y llun sy'n arwydd o gyfoeth Abraham?

JACOB
Twyll ofnadwy

GENESIS PENNOD 25:19-34; 27:1-45

Priododd Isaac, mab Abraham, â Rebeca. Cawsant efeilliaid, Esau a Jacob. Esau oedd yr hynaf, yn gryf ac yn ddewr, dyn yr awyr agored a chanddo freichiau blewog.

Roedd yn saethwr medrus ac yn heliwr da. Ef oedd ffefryn Isaac. Roedd Jacob yn ddistaw ac roedd yn well ganddo aros adref, ffefryn Rebeca oedd ef. Ei dymuniad hi oedd i Jacob dderbyn hawliau y cyntaf-anedig yn lle Esau.

Un diwrnod dychwelodd Esau adref wedi bod yn hela. Roedd ar lwgu. Roedd Jacob wedi aros adref ac wrthi'n coginio cawl.

"Tyrd â rhywbeth i mi fwyta," meddai Esau. "Rwyf ar lwgu!"

Cymerodd Jacob ei amser. "Dim ond os caf i'r hawliau sy'n perthyn i ti fel y mab cyntaf-anedig," meddai.

"Cytuno," meddai Esau. Dim ond yn y cawl roedd ganddo ddiddordeb ar y pryd.

Flynyddoedd yn ddiweddarach, pan oedd Isaac yn hen iawn a bron yn ddall, gwyddai ei fod ar fin marw. Roedd am fendithio Esau fel ei fab cyntaf-anedig cyn iddo farw.

"Dos i hela anifail gwyllt, a'i goginio i mi," meddai Isaac wrth Esau. "Wedyn cei fy mendith."

Aeth Esau allan o'r babell gyda'u fwa a'i saeth. Ni wyddai fod Rebeca yn gwrando

"Dyma dy gyfle di!" meddai wrth Jacob. "Lladda un o'r geifr, ac mi wnaf hoff bryd bwyd dy dad. Rhaid i ti esgus bod yn Esau, ac mi fydd dy dad yn dy fendithio di yn lle dy frawd."

Roedd Jacob yn ansicr. "Mae Esau yn flewog," meddai. "Er nad ydi nhad yn medru gweld yn glir, fe fydd yn gwybod wrth fy nghyffwrdd nad Esau ydw i."

Roedd Rebeca wedi paratoi. Rhoddodd ddillad Esau i Jacob a chlymodd groen gafr am ei wddf a'i ddwylo.

"Nhad, fi sy yma, Esau," twyllodd Jacob, wrth iddo fynd â bwyd i'w dad. Clywodd Isaac lais Jacob, ond pan gyffyrddodd â'r croen blewog, roedd yn sicr mai Esau oedd. Bwytodd ac yfodd, ac yna bendithiodd Jacob.

Gadawodd Jacob a daeth Esau i mewn. "Dyma fi nhad," meddai.

Crynodd Isaac pan ddeallodd beth yr oedd wedi ei wneud. Ni fedrai roi bendith i Esau hefyd.

"Mae Jacob wedi fy nhwyllo!" gwaeddodd Esau yn flin. "Mi lladda i o!"

Rhybuddiodd Rebeca Jacob, a rhedodd i ffwrdd o'i gartref.

1. Chwiliwch am Esau yn y pellter. Pa anifail gwyllt mae'n hela? Pa arfau mae'n defnyddio?

4. Dywed y Beibl fod Jacob wedi coginio cawl ffagbys. Chwiliwch am ffagbys yn sychu yn yr haul.

2. Roedd pobl yn
arfer cysgu ar fat
trwchus ar lawr y
babell. Lle roesant
y mat yn ystod y
dydd?

3. Roedd y preiddiau o ddefaid a geifr yn
rhoi digonedd o lefrith, caws a chig.
Defnyddiwyd crwyn yr anifeiliaid ar gyfer
pebyll, a'r gwlan yn cael ei wehyddu ar
gyfer dillad. Dewch o hyd i rywun sy'n
godro dafad, a rhywun yn gwehyddu gwlan.

5. Roedd Isaac a'i deulu
yn byw mewn lle o'r enw
Beerseba ble roedd
Abraham ei dad wedi agor
ffynnon. Fedrwch chi weld
y ffynnon yn y llun?

6. Faint o bethau
fedrwch chi weld sy'n
cael eu defnyddio ar
gyfer coginio a phobi
bara?

JOSEFF

Y brodyr cenfigennus

Genesis Pennod 37:1-36

1. Roedd y pydew lle rhoddwyd Joseff yn wag ond fel arfer yn cael ei ddefnyddio i storio dŵr. Chwiliwch amdano.

Daeth Jacob yn ddyn cyfoethog a phwerus. Roedd yn berchen ar breiddiau lawer o ddefaid. Roedd ganddo ddwy wraig, deuddeg mab ac un ferch. Ond roedd yn caru un mab yn fwy na'i blant eraill. Joseff y mab ieuengaf ond un oedd hwnnw.

Gwyddai Joseff mai ef oedd ffefryn ei dad. Nid oedd Jacob yn cuddio hyn rhag ei feibion eraill- rhoddodd gôt amryliw arbennig i Joseff. Cafodd Joseff freuddwydion rhyfedd a'u gwnai i ymddangos yn bwysig, ac roedd yn brolio am y rhain wrth ei frodyr. Roeddynt yn casáu Joseff.

Un diwrnod, gofalai brodyr hynaf Joseff am braidd eu tad ymhell o adref. Anfonodd Jacob Joseff i'w gweld. Pan welson nhw fo yn cerdded tuag atynt dywedon nhw, "Gadewch i ni ei ladd! Mi fedrwn ddweud wrth dad fod anifail gwyllt wedi ymosod arno."

Nid oedd Reuben y mab hynaf mor siwr. "Peidiwch â'i ladd," meddai, "taflwch o i mewn i'r pydew." Gobeithiai ddod i'w achub yn nes ymlaen.

Pan gyrhaeddodd Joseff, gafaelodd y brodyr ynddo. Rhwygwyd ei gôt amryliw oddi amdano a'i daflu i mewn i'r pydew. Wedyn eisteddon nhw i lawr i fwyta, cyn penderfynu beth i'w wneud nesaf.

Ar amrantiad gwelsant garafan o fasnachwyr yn y pellter. Roedd eu camelod yn llwythog o berlysiau. Roeddynt ar eu ffordd i'r Aifft.

Beth am werthu Joseff, yn lle ei ladd?" gofynnodd Jwda. Cytunodd y brodyr, a phan ddaeth y masnachwyr atynt dyma'r brodyr yn tynnu Joseff o'r pydew, a'i werthu iddynt am ugain darn o arian.

Cymerwyd siaced hardd Joseff a'i throchi â gwaed gafr. Yna aethant adref a'i dangos i Jacob.

"Mae Joseff wedi ei reibio gan anifail gwyllt," llefodd Jacob, a doedd neb yn medru ei gysuro. Am flynyddoedd bu Jacob yn galaru o achos marwolaeth Joseff. Ni wyddai fod ei fab yn fyw. Flynyddoedd wedyn roedd newyn ofnadwy yng Nghanaan ac anfonodd Jacob ei feibion i'r Aifft i brynu bwyd. Yno gwelsant Joseff eto. Roedd Duw wedi gofalu amdano a dod â llwyddiant iddo. Daeth yn ail i Pharo ac yn lywodraethwr yr Aifft.

4. Pa anifeiliaid gwyllt fedrwch chi weld yn y llun?

2. Beth oedd y camelod yn cario ar eu cefnau?

3. Roedd rhaid i fugail amddiffyn ei ddefaid rhag ymosodiad. Pa arfau a ddefnyddiai?

5. Dewch o hyd i gôt arbennig Joseff.

6. Gwerthwyd Joseff am ugain darn o arian o'r enw shekels. Fedrwch chi eu gweld?

MOSES

Y baban yn yr hesg

Exodus Pennod 2:1-10

1. Gwnaed y gawell allan o ddarnau o frwyn. Faint o bethau eraill fedrwch weld sy wedi'u gwneud allan o frwyn?

Flynyddoedd ar ôl cyfnod Joseff a Jacob, trigai llawer o bobl Dduw yn yr Aifft. I gychwyn roedd yr Eifftwyr wedi croesawu yr Israeliaid, ond dechreusant boeni – roedd gormod ohonynt. Felly gwnaeth Pharo i'r Israeliaid weithio fel caethweision, yn gwneud briciau allan o fwd. Yna gwnaeth orchymyn yn dweud y dylai'r holl fechgyn a gaiff eu geni i'r Israeliaid gael eu lladd.

Roedd gan Jochebed, un or Israeliaid, fab bach newydd. Cuddiodd ef am dri mis yn ei chartref ond roedd yn tyfu'n fawr ac yn mynd yn rhy swnllyd i'w guddio. Felly gwnaeth gawell o frwyn, wedi'i iro â phyg i gadw'r dŵr allan a rhoddodd y babi ynddo. Aeth Miriam, chwaer y babi â'r gawell a'i guddio yn yr hesg tal ar ochr yr Afon Nil.

Roedd tywysoges yr Aifft yn cerdded ar hyd glan yr afon gyda'i morynion. Clywodd sŵn crio a gwelodd y gawell. Pan welodd y babi roedd yn teimlo'n flin amdano ac eisiau gofalu amdano.

Gwyliodd Miriam yn ofalus. Daeth allan o'i chuddfan. "Mi wn am rywun fydddai'n gofalu amdano nes ei fod yn hŷn," meddai wrth y dywysoges, a rhedodd i nôl ei mam.

"Gadewch i mi roi arian i chi am wneud hyn i mi," meddai'r dywysoges wrth Jochebed. "Rhof yr enw Moses arno."

Felly cafodd Moses ei fagu gan ei fam hyd nes ei fod yn ddigon hen i fynd at y dywysoges. Gwyliodd Duw drosto. Dewisodd Moses i fod yn arweinydd dewr. Pan dyfai Moses yn ddyn byddai'n arwain yr Israeliaid allan o gaethiwed yr Aifft i Canaan, gwlad yr addewid.

4. Gorfodwyd caethweision o Israeliaid i wneud briciau. Fedrwch chi weld sut oeddent yn eu gwneud?

14

2. Defnyddiai'r Eifftiaid shadwff i gymryd dŵr o'r Afon Nil. Polyn hir oedd â bwced ar un pen a phwysau ar y llall. Fedrwch chi weld un yn y llun?

3. Mae Miriam wedi'i chuddio yn y llun. Chwiliwch amdani.

5. Cuddiwyd y gawell yn yr hesg. Fedrwch chi weld tri peth arall wedi'u cuddio?

6. Credai'r Eifftiaid fod y chwilen scarab yn arbennig. Credent y byddai'r chwilen yn eu rhwystro rhag bod yn sâl. Dyma chwilen scarab. Sawl un fedrwch chi weld yn y llun?

JOSUA
Dymchwel y muriau

JOSUA PENNOD 2:1-22; 5:13-15; 6:1-23

Pan fu farw Moses arweinydd yr Israeliaid, dywedodd Duw wrth Josua, "Dywed wrth fy mhobl i fod yn barod, ac arweinia nhw i wlad yr addewid. Bydd ddewr! Byddaf gyda thi."

Daeth Josua at yr afon Iorddonen. Ar yr ochr arall roedd Canaan, y tir roedd Duw wedi ei addo i'w bobl.

Roedd pobl yn byw yn y wlad eisoes felly anfonodd Joshua ddau ysbiwr i gasglu gwybodaeth am ddinas Jericho.

Pan gyrhaeddodd yr ysbiwyr Jericho, dyma nhw'n cyfarfod gwraig o'r enw Rahab. Rhoddodd lawer o gymorth iddynt.

"Mi wn y bydd Duw yn gadael i chi gymryd Jericho," meddai "mae pawb yn gwybod fod Duw tu cefn i'r Israeliaid."

Addawodd yr ysbiwr byddai Rahab a'i theulu yn ddiogel yn ystod yr ymosodiad.
Dihangodd y ddau o dŷ Rahab, gan weithio'u ffordd yn ôl i'r gwersyll.

Arweiniodd Josua yr Israeliaid ar draws yr afon. Yna casglodd ei fyddin, gan wneud ei ffordd tuag at Jericho.

Ar amrantiad gwelodd ddyn yn sefyll o'i flaen. Roedd gan y dyn gleddyf yn ei law.

"Wyt ti gyda ni neu yn ein herbyn?" gofynnodd Josua.

"Fi yw arweinydd byddin yr Arglwydd," meddai.

Gwyddai Josua y byddai Duw yn ymladd drostynt.

Arhosodd dinasyddion Jericho o fewn muriau'r ddinas. Caewyd y gatiau yn sownd. Roedd ofn ar bawb.

"Bob dydd am y chwe niwrnod nesaf, gorymdeithiwch y milwyr unwaith o gwmpas muriau'r ddinas," meddai Duw wrth Josua. "Rhaid i saith offeiriad gerdded o flaen arch y cyfamod, yn canu utgyrn, ond byddwch chi'n ddistaw. Ar y seithfed dydd, ewch seithwaith o gwmpas y muriau. Gofynnwch i'r offeiriaid ganu'r utgyrn. Pan glyw fy mhobl un sain hir ar utgorn, dywed wrthynt i weiddi. Yna bydd muriau'r ddinas yn disgyn!"

Am chwe niwrnod gorymdeithiodd yr Israeliaid o gwmpas muriau'r ddinas. Ar y seithfed dydd, aethant seithwaith. Roedd arch y cyfamod o'u blaen, a chanodd yr offeiriaid yr utgyrn. Pan glywodd un caniad hir, rhoddodd Josua arwydd i'r bobl.

Gwaeddodd pawb nerth esgyrn eu pennau. Ar unwaith disgynnodd y muriau, a rhuthrodd yr Israeliaid i mewn gan gymeryd y ddinas. Dim ond Rahab a'i theulu a arbedwyd.

1. Roedd Rahab yn byw o fewn muriau'r ddinas. Dywedodd wrth yr ysbïwyr y byddai'n clymu llinyn ysgarlad yn ei ffenestr, iddynt wybod lle roedd yn byw. Chwiliwch amdano.

4. Gwnaed yr utgyrn o gyrn hyrddod. Sawl un sy yno?

2. Cuddiodd Rahab yr ysbiwyr o dan fwndeli o lin oedd yn sychu ar y to. Sawl bwndel fedrwch chi weld?

3. Chwiliwch am arch y cyfamod. Wyddoch chi beth sy tu mewn?

5. Mae Jericho yn un o ddinasoedd hyna'r byd. Roedd yn werddon ac weithiau fe'i gelwir yn 'ddinas y palmwydd'. Cyfrwch y coed palmwydd o fewn y muriau.

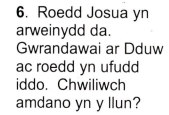

6. Roedd Josua yn arweinydd da. Gwrandawai ar Dduw ac roedd yn ufudd iddo. Chwiliwch amdano yn y llun?

SAMSON
Y dyn cryf

BARNWYR PENNOD 13:1-5; 16:4-30

1. Roedd gan Samson saith plethen yn ei wallt. Sawl un fedrwch chi weld?

Pan gyhoeddodd angel wrth rieni Samson eu bod am gael mab, dywedodd wrthynt i'w fagu i ufuddhau i Dduw, ac i wneud yn siwr na fyddai byth yn torri ei wallt. Byddai hyn yn arwydd fod Duw wedi ei ddewis i achub pobl rhag eu gelynion, y Philistiaid.

Pan dyfodd Samson, roedd mor gryf fel y medrai ladd llew gyda'i ddwylo a malu gatiau'r ddinas gyda'i ysgwyddau. Roedd ar y Philistiaid ei ofn.

Un diwrnod disgynnodd Samson mewn cariad â Delila. Roedd y Philistiaid wrth eu bodd! Rhoesant arian i Delila ddarganfod cyfrinach cryfder Samson.

"Pam wyt ti mor gryf?" gofynnodd iddo. "Beth fyddai'n peri i ti golli dy gryfder?"

"Rhwyma fi â saith llinyn -bwa cryf, ac mi fydda i'n colli fy nghryfder," meddai Samson. Gwnaeth Delila hyn ond ar unwaith torrodd Samson y llinynnau a rhyddhau ei hun.

Gofynnodd Delila i Samson eto. Y tro hwn dywedodd y byddai'n colli'i nerth tasai hi'n ei glymu â rhaff newydd sbon. Ond torrodd y rhaff fel edau cotwm. Gofynnodd iddo eto. Dywedodd wrthi am wau ei wallt i mewn i'r brethyn ar ei ffram weu. Ond torrodd Samson y ffram.

Holodd Delila Samson yn ddi-flino, yn y diwedd dywedodd Samson y gwir wrthi.

"Petawn i'n torri fy ngwallt, byddwn yn colli fy nerth!" meddai

Felly pan gysgodd Samson, torrodd y Philistiaid ei wallt. Pan ddeffrodd Samson, roedd wedi colli ei nerth.

Cydiodd y Philistiaid ynddo a'i boenydio. Cafodd ei ddallu, a'i roi yng ngharchar. Tra yn y carchar, dechreuodd ei wallt ail-dyfu.

Un diwrnod, daethant â Samson i'r deml, er mwyn gwneud hwyl am ei ben.

"Gadawodd ein Duw i ni dy ddal!" gwawdiodd y Philistiaid.

Gosodwyd Samson rhwng pileri'r deml. Yn ofalus estynnodd Samson ei freichiau tuag atynt hyd nes roedd yn eu cyffwrdd. Yna gweddïodd, " O Dduw, a wnei di roi fy nerth yn ôl i mi?"

Gwthiodd Samson y pileri anferth. Craciodd y pileri gan syrthio i'r llawr. Dinistriwyd y deml a phawb ynddo. Trechwyd y Philistiaid.

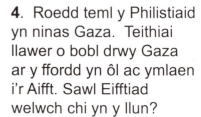

4. Roedd teml y Philistiaid yn ninas Gaza. Teithiai llawer o bobl drwy Gaza ar y ffordd yn ôl ac ymlaen i'r Aifft. Sawl Eifftiad welwch chi yn y llun?

2. Roedd y Philistiaid yn arbenigwyr ar wneud arfau. Sawl cyllell a tharian fedrwch chi weld?

3. Addolai'r Philistiaid y duw Dagon. Credir fod Dagon yn edrych fel hanner dyn a hanner pysgodyn. Chwiliwch am ddelw fel hwn yn y llun.

5. Gwnaed cadwyni Samson allan o bres. Chwiliwch am rywbeth arall o bres.

6. Addurnwyd crochenwaith Philistaidd yn gywrain fel crochenwaith o Groeg a Chreta. Chwiliwch am y jwg yma.

DAFYDD

Lladdwr y cawr

1 SAMIWEL PENNOD 17:1-50

1. Cynigiodd y Brenin Saul ei lurig i Dafydd. Chwiliwch amdano

Ymgasglodd byddin Philistia gyferbyn â byddin Israel ar hyd y dyffryn. Y tro yma roedd y frwydr yn wahanol. Roedd gan y Philistiaid bencampwr o ymladdwr. Ei enw oedd Goliath. Roedd yn anferth.

Ddwywaith y dydd safai Goliath o flaen ei fyddin gan weiddi. "Anfonwch rywun i ymladd â mi."

Roedd yr Israeliaid wedi dychryn. Doedd neb yn barod i dderbyn her Goliath.

Un diwrnod, roedd y bugail Dafydd yn ymweld â gwersyll yr Israeliaid, er mwyn mynd â bwyd i'w frodyr, oedd yn y fyddin. Pan glywodd Dafydd am her Goliath a gweld mor ofnus oedd yr Israeliaid, roedd yn gynddeiriog.

"Sut all neb ddychryn byddin y Duw byw!" meddai Dafydd yn ddig.

Dywedodd rhywun wrth y Brenin Saul am eiriau Dafydd a danfonwyd amdano.

"Mi ymladda i Goliath," meddai Dafydd wrth Saul.

"Dim ond llanc wyt ti," atebodd y brenin.

"Mi wn," meddai Dafydd, "ond pan fyddaf yn edrych ar ôl defaid fy nhad, rwyn aml yn ymladd anifeiliaid gwyllt. Cadwodd Duw fi'n ddiogel. Bydd yn siwr o nghadw yn ddiogel rhag Goliath."

Roedd Saul yn llawn edmygedd. Cynigiodd ei lurig ei hun i Dafydd ond roedd yn rhy fawr. Yn ei le, cymerodd Dafydd ei ffon fugail a'i ffon dafl. Dewisodd bum carreg lefn o gerrig yr afon, ac aeth i wynebu Goliath.

Chwarddodd Goliath pan welodd Dafydd. Ond gwaeddodd Dafydd "Rwyt ti'n ymladd â mi gydag arfau, ond rwyf fi'n dod i ymladd gyda'r Duw byw ar fy ochr! Ef yw Duw byddinoedd Is-rael."

Rhuthrodd Goliath ato. Tynnodd Dafydd garreg a'i roi yn ei ffon dafl. Aeth y garreg drwy'r awyr fel mellten, gan daro Goliath yng nghanol ei dalcen.

Syrthiodd y dyn anferthol i'r llawr. Rhedodd Dafydd a sefyll uwchben Goliath. Trechwyd byddin y Philistiaid. Roedd byddin y Duw byw wedi ennill!

4. Chwiliwch am ofalwr tarian Goliath.

2. Lladdodd Dafydd anifeiliaid gwyllt fel llewod ac eirth tra'n gofalu am ddefaid ei dad. Chwiliwch am un yn y llun.

3. Edrychwch ar helmed, arfwisg a choesarfau Goliath. Roeddynt wedi'u gwneud o bres. Dyfalwch bwysau ei gôt o arfau?

5. Yr adeg hynny gwnaethpwyd arfau o bres, ond darganfuodd y Philistiaid sut i wneud haearn, oedd yn gryfach na phres. Chwiliwch am arf haearn yn y llun.

6. Dewisodd Dafydd bump carreg lefn o'r afon i ddefnyddio yn ei ffon dafl. Fedrwch chi ddod o hyd i bump carreg lefn arall wrth yr afon?

21

ELIAS

Tân o'r nef

1 Brenhinoedd Pennod 18:16-39

"Dim ond creu trafferth wyt ti!" meddai'r Brenin Ahab pan welodd y proffwyd Elias. "Dy fai di ydi nad ydym wedi cael glaw yn Israel, a bod ein cnydau yn marw."

"Nage wir!" meddai Elias. "Eich bai chi. Chi yw brenin Israel, ond rydych chi a'ch gwraig Jesebel heb wrando ar y gwir Dduw ac yn addoli Baal yn lle. Dewch i nghyfarfod ar Fynydd Carmel. Dywedwch wrth eich pobl am ddod, a dewch â phroffwydi Jesebel gyda chi."

Anfonodd Ahab orchymyn drwy Israel. Cyfarfu pawb ar Fynydd Carmel. Safodd Elias ar ei ben ei hun.

"Mi gawn gystadleuaeth! Caiff proffwydi Baal baratoi aberth i'w Duw hwythau ac mi wnaf i baratoi un i'm Duw innau.Yn lle tanio ein haberthau mi ofynnwn i'n duwiau anfon tân. Yr un fydd yn anfon tân fydd y gwir Dduw."

Dewiswyd dau darw ar gyfer yr aberth. Yn gyntaf, ymgasglodd proffwydi Baal o gwmpas eu hallor. Dechreusant alw a gweiddi ar eu Duw, "O Baal, anfon dân i lawr!".

Ni ddigwyddodd dim!

"Efallai fod Baal yn cysgu?" awgrymodd Elias. "Neu wedi picio allan am eiliad. Pam na waeddwch yn uwch?"

Roedd proffwydi Baal yn dechrau anesmwytho. Dechreusant weiddi a dawnsio, ond digwyddodd dim!

Erbyn diwedd y dydd, siaradodd Elias â'r bobl, "Helpwch fi i drwsio allor Duw," meddai.

Rhoddodd goed a chig yr aberth ar ben yr allor. Yna cloddiodd ffos o'i hamgylch. "Dewch â dŵr a'i dywallt dros yr allor," meddai. Rhoddodd y bobl ddŵr dros yr allor dair gwaith.

Yna gweddiodd Elias, "Fi yw dy was. Gwneuthum bopeth a ofynaist. Dangos heddiw mai ti yw'r gwir Dduw."

Yr eiliad nesaf taniwyd yr allor â fflamau. Yswyd popeth - y pren, yr aberth, y cerrig a'r tir.

Penliniodd y bobl, "Duw Elias yw'r gwir Dduw!" gwaeddasant.

Wedi hynny, disgynnodd glaw ar y tir unwaith eto. Daeth y tair blynedd o sychder i ben.

1. Nid oedd glaw wedi bod yn Israel am flynyddoedd lawer. Chwiliwch am arwyddion y sychder.

4. Dywedodd Elias wrth y bobl am lenwi pedair costrel yn llawn dŵr. Gwlychwyd yr allor dair gwaith. Dewch o hyd i'r costreli.

2. Teithiai Elias drwy Israel ar droed. Fedrwch chi weld dau beth roedd angen arno ar ei deithiau?

3. Chwiliwch am gerbyd y Brenin Ahab.

5. Welwch chi'r Brenin Ahab yn y llun? Sut mae'n teimlo?

6. Daeth rhai o'r dorf a delwau gyda nhw. Chwiliwch amdanynt

DANIEL
Yn ffau'r llewod

Daniel Pennod 6:1-28

1. Edrychwch ar ffau'r llewod. Mae na oriel o'i gwmpas. Faint o bobl sy'n sefyll yno?

Un tro, roedd Israeliad o'r enw Daniel yn byw ym Mabilon. Roedd wedi'i ddal yn gaeth gan y Babiloniaid, a dewiswyd ef i fod yn gynghorwr i'r Brenin Darius. Er fod Daniel yn byw a gweithio mewn gwlad ddiethr, nid anghofiodd am y Duw byw.

Gwyddai'r brenin mor alluog oedd Daniel, a'i fod yn weithiwr caled. Gwyddai y medrai ymddiried ynddo felly penderfynodd roi'r cyfrifoldeb o reoli'r deyrnas i Daniel.

Synnwyd y swyddogion eraill. Roeddynt yn genfigennus o Daniel, gan geisio meddwl am ffordd i droi'r brenin yn ei erbyn. O'r diwedd meddent, "Wnawn ni fyth ddal Daniel yn gwneud dim o'i le, oni bai fod na rywbeth ynglŷn â'r ffordd y mae'n ufuddhau i'w Dduw!"

Cawsant syniad. Aethant at y Brenin Darius gan ddweud, "Wnei di osod gorchymyn na ddylai neb addoli unrhywun ond ti am y tri deg diwrnod nesaf. Caiff unrhyw un sy'n torri dy gyfraith ei daflu i ffau'r llewod."

Hoffodd y Brenin Darius yr awgrym a chytunodd i gyhoeddi'r gorchymyn.

Pan glywodd Daniel yr hyn ddywedodd y brenin, aeth i'w ystafell ac agorodd y ffenestri a wynebai Jerusalem. Yna penliniodd a gweddïodd ar ei Dduw. Gweddïodd deirgwaith y dydd yn ôl ei arfer.

Roedd gelynion Daniel wrth eu bodd. Dywedasant wrth y brenin fod Daniel yn herio'r gyfraith.

Roedd y Brenin Darius yn anhapus iawn. Gwyddai fod Daniel yn ddyn da. Ond ni ellid newid y gyfraith.

"Gobeithio y bydd dy Dduw yn dy achub," meddai'r Brenin, wrth orchymyn taflu Daniel i ffau'r llewod.

Seliwyd ceg y ffau, a dychwelodd y brenin i'r palas. Ni allai gysgu roedd mor ddigalon.

Yn y bore, rhuthrodd y Brenin Darius i'r ffau. Galwodd, "Daniel, ydi dy Dduw wedi dy achub?"

"Do!" gwaeddodd Daniel. "Daeth angel i gau safnau'r llewod. Ni allent wneud niwed i mi!"

Roedd Darius wrth ei fodd. "Mi wna i orchymyn arall," meddai. "O hyn allan, rhaid i bawb yn fy nheyrnas addoli'r Duw byw!"

4. Roedd gan Daniel ffrindiau a ddaeth o Israel hefyd. Fel Daniel roeddynt yn gweddïo ar y Duw byw. Fedrwch chi eu gweld?

2. Mae drws yn ochr y ffau. Sawl sêl sy ar y drws carreg trwm yn y llun?

3. Cyflogai'r Brenin gerddorion llys. Fedrwch chi ddod o hyd i un ohonynt.

5. Trigai'r brenin mewn palas. Chwiliwch am ardd to, dwy ffynnon, tri gwas a delw aur o Darius.

6. Sawl llew sy yn y llun?

JONA

Y dyn redodd i ffwrdd

Jona Pennod 1-4

Proffwyd oedd Jona, un o negeswyr arbennig Duw. Un diwrnod siaradodd Duw â Jona, "Rhaid i ti fynd i Ninefe a dweud wrth y bobl fy mod wedi gweld pa mor ddrwg ydynt. Dywed bydda i yn eu cosbi am eu gweithredoedd drwg."

Ond nid oedd Jona eisiau mynd i Ninefe. Yn hytrach, rhedodd i ffwrdd i'r cyfeiriad arall i borthladd Jopa. Gwelodd long oedd yn hwylio i Darsus - yn bell i ffwrdd o Ninefe. Talodd bris y fordaith, ac aeth ar fwrdd y llong.

Ond ni allai Jona guddio rhag Duw. Anfonodd Duw wynt cryf i chwipio'r tonnau. Chwythodd y gwynt, disgynnodd y glaw. Codai'r tonnau yn uwch ac yn uwch. Roedd y llong ynghanol storm enfawr.

Roedd ofn ar y morwyr. Daliasant yn dynn yn ei gilydd gan weddïo ar eu duwiau. Taflwyd y llwyth dros y bwrdd i'r mor ond roedd y llong yn dal i suddo.

Aeth y morwyr i chwilio am Jona. Roedd yn cysgu i lawr y grisiau. "Sut fedri di gysgu," gofynnodd y morwyr yn flin, "pan rydym i gyd yn mynd i farw? Gweddïa y bydd dy Dduw yn ein hachub."

Roedd y morwyr ar ben eu tennyn. Gwyddent fod rhywun yn gyfrifol am achosi storm disymwth erchyll. Tynnasant wellt. Tynnodd Jona y gwelltyn byrraf. Jona oedd yr un.

"Beth wnest ti?" gofynasant.

"Rwyf wedi rhedeg i ffwrdd o'r Duw byw," meddai Jona.

Gwaethygodd y storm gan daflu'r llong yn uchel i'r awyr.

"Taflwch fi drosodd," meddai Jona. "Wedyn bydd y môr yn tawelu."

Ceisiodd y dynion rwyfo i'r lan ond roedd yn anobeithiol.

"Y Duw byw," gwaeddasant, "maddau i ni am ladd y dyn yma."

Taflwyd Jona i'r môr. Ar unwaith gostegodd y tonnau.

Wrth i Jona daro'r dŵr, llyncwyd ef gan bysgodyn enfawr. Tra roedd ym mol y pysgodyn, sylweddolodd Jona mor wirion y bu.

"Mae'n flin gen i," meddai wrth Dduw. "Helpa fi."

Ymhen tridiau, poerodd y pysgodyn Jona allan o'i geg ar dir sych. Y tro hwn, aeth i anfon neges Duw i bobl Ninefe.

1. Chwiliwch am y gwellt a ddefnyddiodd y dynion i ddatrys problem pwy achosodd y storm?

4. Talodd Jona am deithio ar y llong. Chwiliwch am y morwr a'i bwrs llawn ar ei wregys.

2. Edrychwch ar y môr. Pa nwyddau oedd y llong yn eu cario?

3. Nid yw'r Beibl yn enwi'r pysgodyn lyncodd Jona. Mae llawer o bysgod mawr yn y llun. Pa un dybiwch chi oedd o?

5. Pan oedd y storm yn ei anterth, gofynnodd y morwyr i'w duwiau helpu. Welwch chi ddau ohonynt?

6. Aent ag anifeiliaid ar longau er mwyn rhoi llefrith a bwyd ar y fordaith. Chwiliwch am ddau fath gwahanol o anifail ar fwrdd y llong.

ATEBION

Adda: *Y Dechreuad*
Tud 4/5

1.

2. Maent yn tyfu planhigion fel bwyd.

3.

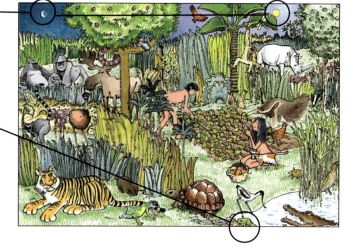

4. Rheino oedd y mwyaf; gwas y neidr oedd y lleiaf.

5. Mae orennau a grawnwin yn y fasged. Mae'r afalau ar y goeden ar y dde.

6. Mae neidr wedi'i guddio ym mhren gwybodaeth da a drwg. Dywed y Beibl sut y perswadiwyd Adda ac Efa gan elyn Duw; mewn ffurf neidr, i anufuddhau i Dduw. Chwalodd hyn eu cyfeillgarwch arbennig â Duw a dyma'r tro cyntaf i rywbeth drwg ddigwydd yn y byd.

Noa: *Y Dilyw*
Tud 6/7

1. Mae Noa a'i wraig ynghanol y llun. Ei feibion a'u gwragedd yw'r lleill. Addawodd Duw achub Noa a'i deulu rhag y dilyw. Drwy gyfrwng eu disgynyddion byddai dechreuad newydd ar y ddaear.

2. Mae'r eliffant tu ôl i'r estrys, a'r llygoden nesaf at y paun.

3.

4. Mae'r teigr cudd ar ochr chwith y camelod. Mae'r madfall cuddliw yn cuddio yn y gwair.

5. Arwydd o fywyd newydd ar y ddaear oedd y ddeilen olewydd ddaeth y golomen yn ôl yn ei phig. Mewn llawer gwlad mae'r ddeilen olewydd yn arwydd o heddwch.

6. Lliwiau'r enfys yw: coch, oren, melyn, gwyrdd, glas, indigo a fioled.

Abraham: *Y sêr a'r addewid*
Tud 8/9

1. Deuai'r gwlan ar gyfer gwneud dillad o'r preiddiau defaid a'r geifr. Gwehyddwyd ac yna ei wnïo'n ddillad. Malwyd corn rhwng dwy garreg i wneud blawd ar gyfer bara. Gwnaed caws allan o lefrith yr afr.

2. Mae'r babell yng nghanol y llun.

3. Casglwyd dŵr mewn bwced lledr. Storiwyd mewn crwyn anifeiliaid.

4. Derw bythwyrdd yw'r coed mawr, poplys yw'r coed tal; a helyg yw'r lleill. Roedd crwydriaid fel Abraham yn gosod pebyll ger ddŵr, ar eu cyfer nhw ac i'r anifeiliaid. Yn y rhan yma o'r byd roedd coed yn arwydd o gyflenwad dŵr da.

5. Roedd gan Abraham lawer o weision, asynnod, camelod yn ogystal â defaid. Mae hyn yn dangos ei fod yn gyfoethog. Yr adeg hon ni ddefnyddiwyd arian pres neu fetal ar gyfer arian.

Jacob: *Twyll ofnadwy*
Tud 10/11

1. Mae Esau yn hela carw gyda bwa a saeth. Arferai pobl hela ceirw danys ac ewig, a gasel yn ogystal â phetrus ar gyfer bwyd.

2. Rholiwyd y gwely yn ystod y dydd.

3. Gwehyddwyd y dillad â llaw, gan ddefnyddio gwlan defaid a geifr. Gwnaed caws allan o lefrith.

4. Byddai cawl ffagbys a bara yn bryd cyffredin. Cafwyd cig ar adeg arbennig.

5. Mae'r ffynnon ar dop y llun. Ystyr Beerseba ydi 'ffynnon y saith oen'. Roedd ar briffordd fasnach i'r Aifft a'r dre mwyaf deheuol yn y wlad.

6. I wneud bara roedd angen: grawn, melin flawd i falu'r grawn, dŵr ac ychydig halen a burum. Byddai angen tân a charreg wastad boeth i goginio'r bara arno. Roedd y torthau bara fel arfer mewn siap crwn gwastad.

Joseff: *Y Brodyr cenfigennus*
Tud 12/13

1. Mae'r pydew yng nghanol y llun. Defnyddid pydewau i storio dŵr yn yr anialwch yn ystod y tymor poeth. Roedd y mynediad yn gul, ond agorai'r pydew yn fwy llydan o dan ddaear, a roedd yn eithaf dwfn. Tasai'r pydew yn llawn, maen siwr basai Joseff wedi boddi.

2. Roedd y masnachwyr yn cario speis, olew a myrr mewn bagiau lledr mawr ar eu camelod.

3. Defnyddiai'r bugail ffon i ymladd anifeiliaid gwyllt fel llewod ac eirth a hefyd i achub ei ddefaid. Medrai daflu cerrig yn dda gyda'i ffon dafl.

4. Mae siacal a blaidd yn y llun. Yr adeg yma roedd llewod, eirth, bleiddiaid a siacaliaid yn byw mewn rhannau gwyllt o'r wlad, felly roedd rhaid i'r bugail fod yn barod i amddiffyn ei ddefaid yn erbyn rheibwyr.

5. Er fod côt Joseff yn cael ei ddisgrifio fel un amryliw, efallai mai côt llawes hir arbennig ydoedd, gydag addurn o frodwaith arno.

6. Nid darn o arian oedd shekel, ond blocyn o arian. Pwysai tua 11 gm.

Moses: *Y baban yn yr hesg*
Tud 14/15

1. Gellir gwneud llawer o bethau fel cychod a basgedi allan o gorsen papyrws a dyfai ger yr afon fel y gwelir yn y llun. Y peth pwysicaf wnaeth yr Eifftiaid allan o papyrws oedd papur.

2.

3. Roedd Miriam yn hŷn na Moses. Roedd hi'n ddewr i gynnig rhywun i ofalu am y baban i'r dywysoges, ac yn glyfar i nôl ei mam. Ymhen amser pan ddihangodd y caethweision o'r Aifft, roedd rhaid i Miriam ufuddhau i'w brawd bach Moses, arweinydd pobl Dduw.

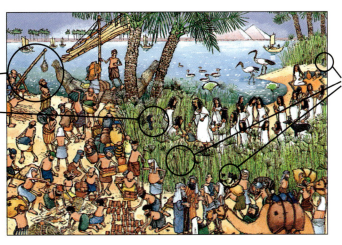

4. Allan o fwd neu glai, dŵr a gwellt y gwnaed y briciau. Gwasgwyd y cymysgedd mewn mowld o bren a'i adael i galedu yn yr haul. Gwnaed llawer o adeiladau'r Aifft o'r briciau hyn.

5. Mae ffon bysgota, jar ddŵr a chath a'i chathod bach. Roedd yr Eifftiaid a drigai wrth y Nil yn dibynnu ar yr afon am fwyd, gan gynnwys pysgod, a dŵr. Roedd yr Eifftiaid yn hoff iawn o gathod. Roedd rhai o'r Duwiau a addolent mewn ffurf cathod.

6. Mae chwech chwilen scarab yn y llun.

Josua: *Cwymp y Muriau*
Tud 16/17

1. Enwir Rahab yn Efengyl Mathew fel un o hynafiaid Iesu.

2. Mae tri bwndel o lin. Planhigyn ydi â blodau glas llachar. Defnyddir i wneud lliain; a'r hadau i wneud olew.

3. Tu mewn i arch y cyfamod roedd dau ddarn o garreg gyda'r Deg Gorchymyn wedi'i ysgrifennu arnynt

4. Saith utgorn sy yna.

5. Pum coeden balmwydd sy yna. Darganfu archaeolegwyr dystiolaeth o anheddau yn Jericho yn dyddio yn ôl i 8000cc.

6. Joshua ddaeth yn arweinydd yr Israeliaid ar ôl marwolaeth Moses. Daeth i Ganaan, y wlad yr addawodd Duw i'w bobl, ar ymgyrch ynghynt fel ysbïwr pan oedd yn ddyn ifanc.

Samson: *Y dyn cryf*
Tud 18/19

1. Mae tair plethen i'w gweld

2. Mae pedair cyllell a thair tarian i'w gweld. Y Philistiaid oedd y bobl gyntaf yn yr ardal hon i ddarganfod sut i wneud haearn. Golygai hyn fod eu harfau yn well ac yn gryfach nag arfau yr Israeliaid. Ymladdodd yr Israeliaid sawl brwydr â'r Philistiaid cyn dod i reoli Gwlad yr Addewid.

3. Addolai'r Philistiaid, fel llawer o bobl eraill, ddelwau cerfiedig o bren, metel a charreg. Dywedodd Duw wrth yr Israeliaid beidio ag addoli unrhyw Dduw a wnaed fel hyn. Rhaid iddynt addoli yr Arglwydd Dduw a wnaeth y byd, ond nid yw'n bosib ei weld.

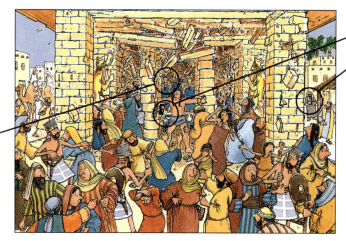

4. Tri teithiwr Eifftaidd sy yna.

5. Rhoddwyd rhoddion o fwyd i ddelw Dagon yn ei deml.

6. Adnabyddir y Philistiaid weithiau fel Pobl y Môr gan iddynt ddod yn wreiddiol ar draws Môr y Canoldir i Israel. Mae'n debyg fod hyn yn esbonio pam fod gweddillion y crochenwaith a ddarganfuwyd yn Israel yn debyg i grochenwaith o wlad Groeg.

Dafydd: *Lladdwr y Cawr*
Tud 20/21

1. Pan wisgodd Dafydd arfwisg y brenin reodd mor fawr a thrwm fel na allai sefyll i fyny. Roedd Dafydd mor hyderus o'i ddawn ac o bŵer Duw, fel yr aeth allan i gyfarfod Goliath heb arfwisg.

2. Mae llew ar ben y clogwyn. Roedd llewod yn weddol gyffredin yn nyddiau Dafydd. Cadwai brenhinoedd Asyria lewod mewn ffau a byddent yn taflu troseddwyr neu bobl nad oeddent yn eu hoffi i mewn i'r ffau i'w lladd.

3. Dywed y Beibl fod arfwisg Goliath yn pwyso 57kg/125pwys.

4. Roedd gan yr arweinydd neu frenin mewn brwydr rhywun a âi o'i flaen yn dal tarian. Mae cludwr tarian Goliath yn sefyll tu ôl iddo.

5. Mae gan waywffon Goliath flaen haearn. Roedd arfau haearn yn well ac yn gryfach nag arfau pres.

6. Gwyddai Dafydd yn union pa gerrig i'w dewis gan ei fod eisoes wedi lladd nifer o anifeiliaid gwyllt gyda'i ffon dafl.

Elias: *Tân o'r nef*

Tud 22/23

1. Arwyddion sychder ydi'r ddaear sych, y coed heb ddail a sgerbwd anifail marw.

2. Cymerodd Elias ei ffon a'i glogyn gydag ef.

3.

4. Pedair costrel ddŵr sy yna.

5. Mae'n siwr fod y brenin Ahab yn flin ac yn ofnus. Roedd yn frenin gwan gan nad oedd yn addoli Duw yn gywir ac yn caniatau i'w wraig Jesebel addoli delwau a duwiau gau.

6. Pedwar gau dduw sy yn y llun. Dywedodd Duw wrth ei bobl beidio addoli delwau o fetel, clai na phren. Dylent addoli ef yn unig – y Duw byw!

Daniel: *Yn ffau'r llewod*

Tud 24/25

1. Mae na dri deg tri o wylwyr. Roedd gwylio pobl yn cael eu bwyta gan y llewod yn ddifyrrwch mawr ym Mabilon, ond gadawodd y brenin Darius Daniel dros nos yn y ffau, heb neb yn gwylio.

2. Tair sêl sy ar y drws. Roedd selio'r drws yn ddull o sicrhau na fyddai neb arall yn ei agor tra roedd y brenin oddi cartref.

3. Mae'r cerddor yn cario telyn fach.

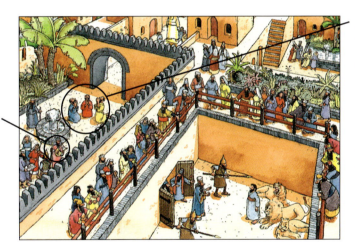

4. Mewn rhan arall o lyfr Daniel, teflir tri ffrind o Israel i mewn i'r ffwrn dân gan iddynt wrthod addoli'r ddelw, ac achubodd Duw hwy.

5. Roedd Babilon yn ddinas fendigedig, yn llawn o adeiladau gwych ac yn ganolfan dysg. Yn aml roedd cerfluniau o'r Brenhinoedd i'w gweld yn y canol.

6. Tri llew sy yno. Byddai'r llewod yn llwgu. Adroddodd Daniel i Dduw anfon angel i gau safnau'r llewod gan fod Duw yn gwybod nad oedd Daniel wedi cyflawni trosedd.

Jona: *Y dyn redodd i ffwrdd*

Tud 26/27

1. Dull arall o fwrw coelbren oedd rhoi nifer o gerrig wedi eu rhifo mewn cwdyn, ac i bob person gymryd un allan heb edrych er mwyn penderfynu pwy gai ei ddewis.

2. Roedd y llong yn cario gwin, cratiau yn llawn o boteli olew, sachau o rawn a nwyddau eraill.

3. Nid yw'r Beibl yn dweud mai morfil lyncodd Jona, ond mae'r morfil yn y llun a gwddf ddigon mawr i lyncu dyn.

4. Mae'r morwr â'r pwrs mawr yn gafael yn y mast.

5. Doedd y delwau metel a phren o ddim cymorth yn y storm. Duw yn unig allai wneud unrhywbeth.

6. Cywion a gafr sy yna. Defnyddiwyd gafr ar gyfer llefrith, a chyw iar ar gyfer wyau. Hefyd gellid bwyta'r cyw iar.

ⓗ Cyhoeddiadau'r Gair 1999

Testun gwreiddiol: Stephanie Jeffs
Darluniau gan Roger Fereday
Addasiad Cymraeg gan Ann Bowen Morgan
Golygydd Cyffredinol: Aled Davies
Cyhoeddwyd yn wreiddiol gan Scripture Union

ISBN 1 85994 184 2
Argraffwyd yn China

Cyhoeddwyd gan:
Cyhoeddiadau'r Gair, Cyngor Ysgolion Sul Cymru,
Ysgol Addysg, PCB, Safle'r Normal,
Bangor, Gwynedd, LL57 2PX.